SOUVENIRS

de

MONSEIGNEUR

ALEXIS SAUSSOL,

ÉVÊQUE DE SÉEZ.

Mgr ALEXIS **SAUSSOL**,   77.e ÉVÊQUE DE SEÈS,

décédé, à l'âge de 77 ans,   le 7 février 1836.

SOUVENIRS

DE

MONSEIGNEUR

ALEXIS SAUSSOL,

ÉVÊQUE DE SÉEZ.

NOTICE. — OBSÈQUES. — DISCOURS FUNÈBRE.

SÉEZ,

Chez Jules VALIN, imprimeur des Vicaires-Généraux Cap[res].
du Diocèse.

1836.

AVANT-PROPOS.

La vénération que l'on avait pour le digne
Evêque que le Diocèse de Sécz vient de perdre
a fait rechercher avec empressement tout ce
qui pouvait honorer sa mémoire. On a lu avec
plaisir l'éloge que les journaux en ont fait.
Ceux qui ont assisté à ses funérailles ont re-
cueilli ce qu'ils ont pu du discours funèbre qui
retraçait ses vertus et les principales actions de
sa vie. Mais bien peu de personnes ont entendu
ce discours : moins encore, peut-être, ont pu
se procurer les notices que les journaux ont
publiées; notices assez abrégées d'ailleurs, et
dont quelques-unes manquaient d'exactitude.

On a donc cru répondre au vœu général, en
publiant sur Mgr. ALEXIS SAUSSOL une notice
plus étendue, et rédigée sur des renseignemens

certains. On y a joint la relation de ses funérailles, insérée dans un journal de la capitale,
et fournie par un habitant de Séez, que le digne
prélat honorait de son estime et de sa confiance. Le discours funèbre ne devait pas être
mis au jour : le temps n'avait pas permis d'y
donner les développemens que l'on eut souhaité, ni de le présenter dans la forme d'une
oraison funèbre proprement dite. Néanmoins,
le désir de rendre, en quelque sorte, plus so-
lennel ce dernier hommage consacré à la mémoire d'un Pontife dont nous aimerons toujours
à nous rappeler les vertus, a déterminé l'ec-
clésiastique chargé de le prononcer à permettre
qu'on l'imprimât.

L'Imprimeur lui-même, en publiant ces
souvenirs de Mgr. Alexis SAUSSOL, se propose
de rendre au prélat bienfaisant qui encouragea
ses efforts, un dernier tribut de sa reconnaissance.

NOTICE.

NOTICE.

Monseigneur Alexis SAUSSOL, soixante-dix-septième Evêque de Séez, nâquit le 6 février 1759, à Dourgne, en Languedoc, diocèse de Lavaur (Tarn). Ses parens, sans avoir une grande fortune, étaient en état de lui procurer une éducation soignée. Il fit ses études à Castres, puis à Toulouse, et enfin à Paris, où il se rendit en 1777. Doué d'un esprit pénétrant, d'une imagination féconde, d'une mémoire heureuse, il suivit tous les cours avec beaucoup de succès. Il obtint au concours, à Paris, une place dans l'établissement connu sous le nom de *Petite Com-*

munauté de Saint-Sulpice. Il y recommença l'étude de la philosophie ; puis se livra aux études théologiques, et fut nommé maître de conférence. Elevé au Sacerdoce, il fut appelé comme directeur au Séminaire de Saint-Nicolas-du-Chardonnet. Il n'y resta que trois ans.

Son Evêque, M. de Castellanes, qui connaissait son mérite, le rappela auprès de lui, et voulut l'avoir pour Grand-Vicaire et pour commensal. M. SAUSSOL posséda toute la confiance du Prélat, et eut la principale part à l'administration du diocèse de Lavaur.

Arriva la révolution de 1789. M. SAUSSOL, dont les qualités du cœur égalaient celles de l'esprit, s'estima heureux de partager le sort de son évêque. Leur union devint plus étroite que jamais. Obligés de fuir devant la persécution, ils se rendirent en Espagne, et furent reçus au Monastère de Mont-Serra, en Catalogne, où plusieurs Evêques français s'étaient réfugiés. Ils y demeurèrent trois ans. M. SAUSSOL, toujours actif et laborieux, profita de cette retraite et de la bibliothèque des Moines pour travailler à un ouvrage qu'il fit imprimer long-temps après sur la *Conduite à tenir après la persécution.* Ses recherches furent immenses : il lut à peu près tous les Pères et tous les au-

teurs ecclésiastiques qui pouvaient l'aider dans
son dessein. Il tira de tous ces ouvrages de longs
extraits, qui existent encore, écrits de sa main,
dans ses papiers, et qui forment deux gros vo-
lumes in-4° : l'ouvrage qu'il mit au jour dans
la suite n'en est qu'un abrégé.[1]

De Mont-Serra les deux exilés passèrent à
Bologne, et peu de temps après à Florence, où
M. SAUSSOL fit paraître son livre, après y avoir
travaillé pendant près de dix ans. Il reçut pour
cette production un bref très-flatteur de Pie
VII, sous la date du 3 octobre 1800. Ce pape
le félicite de son zèle pour rétablir la discipline
de l'Eglise : il dit que son livre, *fondé uniquement sur les lois de l'Eglise, les décrets des Papes,
les décisions des conciles et la doctrine des Pères,
servira aux prêtres comme d'un flambeau pour les
diriger au milieu des perplexités qui suivront nécessairement les troubles de la France.*

Le mérite et la haute vertu de M. SAUSSOL
lui avaient concilié à Florence l'estime et l'amitié d'un grand nombre de personnes distin-
guées. Après la mort de M. de Castellanes, sa

---

[1] Cet ouvrage, contenant 2 vol. in 12, a été imprimé
à Florence en 1800. Le 1er. vol. a été réimprimé à Séez,
chez Jules Valin, en 1835, et le second doit paraître
incessamment.

réputation le fit choisir pour précepteur du jeune roi d'Etrurie, Louis-Charles, Infant d'Espagne, aujourd'hui Duc de Lucques; et il remplissait cette charge honorable quand Napoléon dépouilla le prince et sa mère de leurs états, et les força de sortir de l'Italie. Dans ces fâcheuses circonstances, la reine-mère ne pouvant exprimer autrement son estime au sage instituteur de son fils, l'agrégea, par un brevet écrit de sa main, *à l'ordre de Saint-Etienne de Florence*, et lui fit assurer une pension qui depuis a été fixée à la somme de 1, 200 fr., dont M. SAUSSOL a joui jusqu'à sa mort.

Le prince de Lucques a conservé pour Mgr. l'Evêque de Séez des sentimens qui font honneur et à l'illustre élève et à l'habile précepteur qui a su les inspirer. Il y a peu de temps encore qu'il fit dire au prélat, par un français de distinction, *qu'il lui conservait respect, reconnaissance et attachement.*

Malgré les avantages et les agrémens qu'offrait le séjour de Florence à l'ancien précepteur du roi d'Etrurie, quand les Bourbons furent rétablis sur le trône de leurs Pères, il ne put résister au désir de revoir la France. A son retour dans sa patrie, son premier soin fut de visiter sa famille, qu'il avait laissée dans le

Diocèse de Lavaur; puis il se rendit à Paris où il retrouva plusieurs de ses connaissances. M. de Mont-Blanc, l'un de ses amis, alors Evêque nommé de Saint-Dié, aujourd'hui Archevêque de Tours, aurait bien voulu avoir auprès de lui un homme du mérite et de la capacité de M. SAUSSOL. Il lui écrivit à ce sujet, et lui proposa la place de premier Grand-Vicaire dans son nouveau Diocèse. Mais M. SAUSSOL ne crut pas devoir céder aux vœux de son ami; il se contenta de lui indiquer dans une lettre les moyens qu'il jugeait les plus propres au bon gouvernement d'une Eglise. Cette lettre pleine de réflexions sages et judicieuses mérita à l'auteur les éloges de tous ceux qui en eurent connaissance.

Peu de temps après, M. SAUSSOL, cédant aux instances de M. De Montmorency-Laval, alla passer quelques temps avec lui dans sa terre de Beaumesnil, près de Bernay. Il se fit bientôt connaître dans ce pays qu'il édifia pendant trois ans par ces prédications et par ses exemples. Ce fut dans ces entrefaites qu'il fut nommé par Louis XVIII à l'Evêché de Séez qui vaquait depuis huit ans. Son installation dans l'église cathédrale se fit avec la plus grande pompe, en

présence de toutes les autorités du département, le jour de la Toussaint 1819.

Le nouvel Evêque trouva, à son arrivée, un
vaste champ à cultiver. Il ne s'en effraya pas.
Il visita son troupeau avec tout le zèle d'un Apôtre et toute la charité d'un bon pasteur. Il an-
nonçait partout la parole sainte, et partout il
laissait de touchans souvenirs de son passage.
Il donna lui-même des retraites dans plusieurs
paroisses ; il appela des coopérateurs étrangers
pour en donner dans les villes, et dans les prin-
cipaux endroits de son Diocèse. Son bonheur
eût été d'exciter partout la foi, et de rallumer
la charité dans tous les cœurs.

Pour opérer un bien durable, il porta son at-
tention vers les établissemens ecclésiastiques,
qui ne répondaient nullement aux besoins de
la Religion. Il créa un Petit-Séminaire, qui est
aujourd'hui très-florissant ; et pour loger les
élèves, il fit construire un bâtiment considé-
rable, au moyen de quêtes faites dans le Diocèse, et d'autres ressources qu'il se procura.
Son Grand-Séminaire avait un local resserré,
et sans proportion avec le nombre et les besoins des séminaristes ; en attendant qu'il pût leur
procurer une maison convenable, il les logea
avec lui dans son palais. Rien n'était plus édi-

fiant que la vie du Prélat au milieu de cette nombreuse famille. Il l'encourageait par ses paroles et par ses exemples, mangeait au réfectoire commun, et entendait les lectures des repas. Ce genre de vie lui plaisait beaucoup; mais il ne put le continuer long-temps, à cause d'un mal de jambes dont il fut atteint, et qui le fit souffrir jusqu'à sa mort.

Il acheta pour son Grand-Séminaire, dans les dernières années de sa vie, l'ancienne Abbaye des Bénédictins, vaste et magnifique bâtiment, accompagné d'un parc et de plusieurs jardins, contenant ensemble vingt-huit arpens de terre environnés de murs. La dernière retraite des Prêtres a eu lieu dans ce bel établissement qu'occupent actuellement les Séminaristes.

Il semblait que le Ciel attendît pour retirer de ce monde le vénérable Pontife qu'il eût couronné par cette œuvre importante les nombreuses entreprises qu'il avait faites en faveur de la Religion. Ses infirmités allaient croissant, et ses forces diminuaient de jour en jour.

Il venait d'achever la 77ᵉ année de son âge quand il fut enlevé de ce monde le 7 février 1836. Sa mort fut douce et tranquille, comme elle devait l'être après une vie remplie de bonnes œuvres.

Son corps a été embaumé, et déposé dans
le caveau du Chœur de la Cathédrale, où l'on
a trouvé les tombeaux de plusieurs de ses pré-
décesseurs *. La mort du digne Evêque a réveillé
dans tous les cœurs les sentimens d'amour et
de vénération que ses visites pastorales, et ses
immenses bienfaits avaient excités. Chacun s'est
empressé de faire son éloge; et la matière ne
manquait pas.

Il avait une piété tendre, une foi vive et
agissante, un parfait détachement des choses
de ce monde. Les entreprises considérables qu'il
a faites et achevées, avec de modiques ressources,
prouvent assez que sa confiance dans les soins
de la divine providence était sans bornes. Ses
aumônes étaient abondantes; il trouvait le moyen
de les multiplier par ses économies et sa vie fru-
gale. Sa table n'était pas mieux servie que celle
des particuliers les plus ordinaires.

Les médecins lui conseillèrent, dans sa dernière maladie, d'user d'un peu de vin d'Espagne pour soutenir ses forces défaillantes; il ne le
voulut pas; et comme on lui représentait que
dans une pareille position il serait le premier à
en conseiller l'usage à ses Prêtres : il est vrai,
répondit-il, mais il ne me convient pas de
donner cet exemple.

* *Voyez l'Epitaphe placée à la fin de l'ouvrage.*

Aucun Evêque ne tenait plus que lui à con-
server intact le dépôt de la foi. Il repoussait
avec mépris et avec indignation tout ce qui lui
paraissait marqué au coin de l'erreur ou de la
nouveauté. Il n'avait que du dégoût pour ces au-
teurs à froides spéculations, qui substituent les
pâles lueurs de la raison humaine, et plus souvent les rêveries de leur imagination, aux vives
et touchantes lumières de l'Evangile, et à la doctrine onctueuse et pénétrante des Pères de l'E-
glise. Ses longues infirmités, aggravées par les
malheurs du temps, lui avaient ôté une partie
de son énergie pour les affaires, mais il la re-
trouvait tout entière lorsqu'il s'agissait de dé-
fendre des doctrines et des principes pour lesquels il aurait versé son sang.

Il fut toujours l'ennemi déclaré du déguise-
ment et de la duplicité; et c'est peut-être pour cette
raison qu'il était plus facile de surprendre sa
bonne foi. Nous ne pouvons le dissimuler, on
eût souhaité qu'il eût été plus en garde contre
les artifices de certaines personnes du monde,
qui n'avaient pas la même franchise et la même
sincérité que lui. On eut souhaité encore, dans
plusieurs cas, qu'il n'eût pas jugé si facilement
sur des apparences ou sur de légers motifs. Il
prit quelquefois des impressions fâcheuses con-

2.

ret des hommes qui lui étaient sincèrement dévoués, et pour lesquels il n'eût eu que de l'affection, s'il les avait mieux connus. Mais ce sont là des nuages passagers qui n'ont pu faire disparaître l'éclat de ses vertus et de ses bienfaits. Il faut d'ailleurs dire à sa louange que s'il était susceptible de quelques impressions défavorables, la bonté de son cœur et la générosité de son âme le portaient à pardonner. Son indulgence à l'égard des vrais coupables, allait peut-être même de temps en temps un peu loin : il attendait leur retour, et ne les punissait qu'à l'extrémité, et comme malgré lui.

Le soin de son Diocèse avait absorbé tous les temps de son Episcopat. Il avait porté à peu près seul le poids des affaires : ce fardeau, si pesant par lui-même, l'accablait au milieu des infirmités de sa vieillesse ; il le sentait bien, et il priait la divine providence de l'en délivrer. Néanmoins il demeura toujours parfaitement soumis à ses desseins. Les contrariétés qu'il éprouvait ne faisaient que le détacher de plus en plus de la terre et le faire soupirer après une vie meilleure. C'est dans ces sentimens de résignation et de foi qu'il est sorti de ce monde, pour aller jouir, nous l'espérons, de la récompense de ses travaux et de ses bonnes œuvres.

OBSÈQUES.

OBSÈQUES.

Dans la confiance que l'autorisation de déposer dans le caveau de la cathédrale le corps de Mgr. l'Evêque de Séez ne serait pas refusée, on avait eu soin de le faire embaumer.

Le pieux prélat, revêtu de ses habits pontificaux, portant la mitre et la crosse, avait été placé sur un fauteuil, à l'extrémité de la galerie qui conduit du palais épiscopal à la cathédrale.

Deux fois le jour, toutes les cloches des quatre paroisses de la ville rappelaient au loin la perte que venait de faire le diocèse, et invi-

taient les chrétiens à prier Dieu de faire miséricorde au vénérable Pontife qui le représentait si dignement sur la terre. Tous les jours,
à neuf heures, un de MM. les chanoines di-
sait au grand autel une messe des morts ; le
chapitre, avant les offices, se rendait en corps
à la chapelle ardente pour y faire des prières :
les séminaristes s'y succédaient, et le public
était admis à contempler les traits bien conser-
vés de l'homme vertueux que ses bienfaits en-
vers les pauvres avaient rendu l'objet de la reconnaissance et de l'amour de ces diocésains.

Des larmes abondantes furent versées dans
cette chapelle. Les âmes pieuses y faisaient de
ferventes prières : tous y montraient recueille-
ment et respect. Les habitans des campagnes
venaient se prosterner aux pieds de leur évêque, et réciter, d'une voie haute, mais émue,
ce psaume admirable où le prophète-roi peint,
de couleurs si vives et si vraies, la miséricorde
du Tout-Puissant. Les étrangers eux-mêmes,
conduits à l'église par la seule curiosité, à l'as-
pect de cette figure empreinte encore de dou-
ceur et de dignité, se sentaient pénétrés de la
même vénération qu'éprouvaient les fidèles
qui avaient le mieux connu le prélat ; et l'on a

remarqué deux soldats, agenouillés et pieux, sur les premières marches de la chapelle, se retourner et dire avec une sorte d'indignation à quelques personnes qui se pressaient tumultueusement : «*On ne parle pas ici.*»

Les jours de carnaval se passèrent à peu près inaperçus dans la ville de Séez; la jeunesse elle-même sentit qu'elle ne pouvait se livrer à la joie sur les bords entr'ouverts de la tombe d'un père.

L'autorisation sollicitée ne se fit pas attendre; M. le Préfet s'empressa de la transmettre à Séez et toute la ville y applaudit. M. le maire, pour lequel Mgr. SAUSSOL a toujours eu la plus grande estime, et qui désirait personnellement qu'on rendît à la mémoire du père des pauvres tous les hommages dus à ses vertus, n'a négligé aucune mesure pour que l'exception admise par l'ordonnance arrivée à Paris n'entraînât aucun inconvénient. De concert avec MM. les Grands-Vicaires, le corps du prélat fut visité par les médecins, qui le trouvèrent parfaitement conservé, et le caveau de la cathédrale fut ouvert quatre jours avant l'inhumation.

Mgr. l'évêque du Mans, sur la demande de MM. les Grands-Vicaires, est venu faire les ob-

sèques auxquelles ont été invités M. le préfet,
M. le général commandant le département,
M. le président du tribunal d'Alençon, M. le
procureur du roi, M. le capitaine de gendarmerie, M. le maire de Séez et ses adjoints, le
conseil municipal, MM. les professeurs du collége, M. le juge de paix et son greffier, M. le
commandant de la garde nationale et M. le
lieutenant de la remonte.

Le jeudi 18, veille de la cérémonie funèbre,
les cloches des quatre paroisses sonnèrent à
toutes les heures de la journée, et le chapitre
chanta, dans l'après-midi, les vêpres, les ma-
tines et les laudes des morts, auxquelles assis-
tèrent les deux séminaires et un grand nombre de fidèles.

Dès le matin du 19, les cloches recommen-
çant à faire entendre leur son lugubre, renou-
velèrent toutes les douleurs. Vers dix heures,
le cortége se rendit au palais épiscopal et suivit le clergé, présidé par Mgr. l'évêque du
Mans.

Mgr. SAUSSOL, toujours posé sur son fauteuil, toujours revêtu de ses habits pontificaux,
fut enlevé par des prêtres. Un détachement de
gendarmes, chargé d'ouvrir la marche, avait
été placé à la grande grille du palais par où le

cortége devait sortir pour parcourir les principales rues de la ville. Les élèves du petit séminaire, du collége et des écoles primaires, mar-
chaient en tête. Venaient ensuite les religieuses
de trois communautés ; plus de cent-cinquante
ecclésiastiques, sur deux lignes, et entr'eux le
révérendissime père abbé de la Trappe, avec
deux des religieux. Les fonctionnaires publics
suivaient immédiatement le clergé, et la marche était fermée par un autre détachement de
gendarmerie. La garde nationale formait deux
haies, et parvint facilement à maintenir l'ordre malgré l'encombrement des rues.

La nouveauté de cette lugubre et imposante
cérémonie avait sans doute attiré beaucoup de
curieux ; mais il était facile de reconnaître que
le plus grand nombre des assistans ne se trou-
vaient à Séez, que pour rendre un dernier
hommage au vertueux évêque, si digne de leurs
regrets.

Avec quel attendrissement ne voyait-on pas les
pauvres, les yeux remplis de larmes, jeter un
dernier regard sur celui que depuis si long-temps
ils appelaient leur Providence ! Et les pauvres
dont nous parlons n'étaient pas seulement des
mendians, mais des personnes âgées dont le
prélat payait la pension dans les couvens ; des

familles ruinées qui connaissaient leur bien-
faiteur depuis que sa mort a tari la source des
bienfaits qui leur arrivaient à jour fixe.

Le prélat fut porté sur un catafalque élevé
dans le chœur de la cathédrale, tendue de noir,
et la messe commença. Après l'évangile, M. le directeur du séminaire retraça, dans un discours,
les talens et les vertus de Mgr. SAUSSOL,
et parvint facilement à faire partager son audi-
toire la confiance qu'il a lui-même qu'un
homme aussi pieux, aussi charitable, aussi peu
attaché aux biens de la terre, reçoit dans le
ciel la récompense promise à celui qui vit de
privations pour secourir son frère.

Après la messe on récita les prières de l'ab-
soute; puis le corps fut descendu dans le caveau et déposé tout habillé dans un cercueil
de plomb, revêtu d'un autre en chêne.

DISCOURS-FUNÈBRE.

DISCOURS FUNÈBRE,

PRONONCÉ A L'INHUMATION

DE MONSEIGNEUR

ALEXIS SAUSSOL ;

ÉVÊQUE DE SÉEZ,

En présence de Monseigneur l'Evêque du Mans.

---

*Ambulavit pes meus iter rectum à juventute mea....
Zelatus sum bonum,... Proptereà bonam possidebo
possessionem.*

J'ai marché dans la droiture dès ma jeunesse....
J'ai eu du zèle pour le bien, et je posséderai un
héritage éternel. *Eccl.* 51. 20 *et suiv.*

MONSEIGNEUR,

Quel lugubre ministère suis-je appelé à
remplir en votre présence ! Aurais-je pensé,
quand le Pontife vénérable que nous pleurons
m'imposa les mains, qu'au bout d'un certain
nombre d'années je rendrais ce dernier hommage à sa mémoire ! O mort que tes coups sont
cruels ! et en frappant une tête chérie et véné-

rée , que de blessures tu causes à nos cœurs !

Pour célébrer les vertus de notre digne Prélat, je n'ai pas besoin de recourir aux ornemens de l'éloquence , ni aux vains artifices si souvent employés dans de pareils discours. Le tableau que je vous ferai de sa vie ne vous présentera point des traits inconnus. Ce que vous avez vu de vos yeux , ce que vous avez entendu, et presque touché de vos mains , je viens vous le reproduire dans cette chaire. Dans un tel éloge , je n'ai qu'à me taire moi-même pour laisser parler les faits. Le simple exposé des vertus et des œuvres du vénérable Pontife est, sans contredit, ce que l'on peut dire de plus honorable à sa mémoire , et de plus édifiant pour nous.

Les paroles de mon texte renferment en peu de mots l'histoire de sa vie , et nous offrent une peinture frappante de son caractère. Il marcha dès sa jeunesse dans le chemin de la vertu ; il embrassa avec un zèle infatigable la pratique du bien ; et ses travaux entrepris pour la gloire de Dieu, lui mériteront des biens et une gloire impérissables. *Zelatus sum bonum . . . , proptereà bonam possidebo possessionem.* Je vous le montrerai donc comme un Pontife irréprochable dans tous les temps de sa vie , aussi bien

avant son Episcopat que dans l'exercice des
fonctions redoutables de cette sublime dignité.
Avant son Episcopat, il a montré par ses vertus
et par ses talens qu'il en était digne. Elevé à
cette haute dignité , il en a supporté le poids
avec courage , et rempli les fonctions avec zèle.

C'est le double hommage que nous rendons
à la mémoire de Mgr. ALEXIS SAUSSOL , Evêque de Séez.

Mais quelle tâche, Messieurs , et comment ai-
je osé l'entreprendre! Ma reconnaissance pour le
digne Prélat qui m'éleva au Sacerdoce, et ma dé-
férence pour des personnes que je respecte, ont
pu seules m'y déterminer. Je compte sur votre
indulgence en faveur d'un sujet qui vous
intéresse infiniment par lui-même.

PREMIÈRE PARTIE.

Quand on fait l'éloge des hommes illustres, on est souvent obligé de jeter un voile sur une partie de leur vie, et de ne les montrer aux hommes que dans un âge ou de mûres réflexions les ont rappelés à leurs devoirs : Dans l'éloge de notre vertueux Pontife nous n'avons pas besoin d'user de ces ménagemens. Il n'a paru sur la scène du monde que pour y édifier les hommes par la pureté de ses vertus et par la sainteté de ses œuvres. Ce ne sont pas seulement, il est vrai, les actions d'éclat, les entreprises extraordinaires, et propres à attirer les regards des hommes, qu'il faut admirer dans le cours de sa longue carrière ; son intention n'était pas de faire du bruit dans le monde, mais d'honorer son ministère par les vertus solides qui font le bon Prêtre et le saint Pontife.

À peine avait-il achevé le cours de ses brillantes études , que sa vie exemplaire, relevée par de rares talens, le firent choisir pour diriger un de ces pieux établissemens de la capitale, destinés à rendre la science et la vertu héréditaires dans le Sacerdoce. Quels efforts ne fit-il pas dans l'exercice de cette charge importante , pour inspirer aux élèves du Sanctuaire le noble dévouement et les sentimens généreux dont il était lui-même pénétré ?

Mais cet emploi, tout honorable qu'il est, était néanmoins trop modeste pour un mérite aussi distingué que le sien. La Providence voulait le conduire auprès d'un vertueux Pontife pour le préparer aux fonctions de l'Episcopat qu'il devait un jour exercer au milieu de nous. Ce fut donc en portant avec son Evêque le poids des affaires, qu'il préluda au ministère Episcopal , et qu'il prit l'habitude de ce gouvernement sage et paternel dont nous avons été les témoins. Que de bien n'eût-il pas fait dans cette nouvelle carrière ? Mais le Ciel lui réservait une autre gloire, et voulait mettre ses vertus à de grandes épreuves. Nos troubles politiques approchaient; la tempête menaçait; il fallait fuir devant l'orage , et chercher dans une terre étrangère un asile qu'il ne pouvait plus

trouver dans sa patrie. Il s'enfuit donc en Espagne avec son vertueux Evêque, d'où il passa
bientôt vers le sol hospitalier de l'Italie.

Qui pourrait dire l'émotion profonde et les
sentimens douloureux qui auront agité, dans
ces tristes circonstances, son âme sensible et
religieuse! Contemplant de loin la France, en
proie aux agitations et aux ravages; enten-
dant, pour ainsi dire, du fond de son exil, les
cris de tant de malheureux succombant sous
la main de leurs frères, que de larmes n'aura-
t-il pas répandues! que de vœux ardens n'aura-
t-il pas adressées au ciel pour le conjurer
d'arrêter les coups de sa vengeance, et de rendre
à notre patrie désolée le soleil de la foi prêt
de s'éteindre pour toujours.

Mais touché jusqu'au fond du cœur de tant
de désastres, il ne se contenta pas de pleurer
avec les larmes de Jérémie, en voyant Jérusa-
lem en ruines, et les pierres du Temple dis-
persées. A travers les nuages qui couvraient la
France, il apercevait encore quelques traits
de lumière qui promettaient un jour de paix et
de réconciliation. Sa grande foi dans les pro-
messes du ciel, l'expérience qu'il avait de ses
miséricordes, lui faisaient espérer que, touché des cris de ses enfans et du sang de tant de

Martyrs, Dieu déploierait son bras en faveur d'une portion si chérie de son troupeau, et que lui-même verrait de ses yeux la religion refleurir au sein de sa patrie. Le tonnerre y grondait encore, le vaisseau de l'Eglise était encore agité par la tempête, qu'il songeait déjà à chercher les moyens qu'il faudrait prendre pour le réparer, quand, après la tourmente, il serait arrivé dans un port tranquille.

Vous le savez, Messieurs, c'est dans le temps de son exil, et lorsque le fléau de la persécution sévissait parmi nous avec plus de violence, qu'il entreprit de tracer d'avance aux Pasteurs des âmes des règles sûres et prudentes, appuyées sur la sage antiquité, et toutes propres à les diriger dans les routes nouvelles et périlleuses qu'ils auraient à parcourir, quand ils seraient rentrés dans l'exercice paisible de leurs fonctions.

Il ne m'appartient pas, Messieurs, de faire ici l'éloge d'un livre justement estimé, fruit des veilles et des fatigues de notre vénérable Prélat, monument de sa sagesse et de ses connaissances profondes. Cet ouvrage est entre les mains du public, et vous êtes plus capables que moi de l'apprécier. Je me contenterai de vous dire qu'il fut favorablement accueilli par les personnages les plus éminens de l'Eglise , et que le Pontife Romain , alors régnant , en fit l'éloge.

Nous avons appris , écrivait l'illustre Pie VII au savant auteur , que l'ouvrage sorti de votre plume a été pleinement approuvé , à cause de la doctrine qu'il renferme , et singulièrement vanté , à cause des avantages qu'il doit produire. *Librum qui à te scriptus est... valdè propter doctrinam probari, et mirificè laudari propter utilitatem audivimus.* Il est tellement approprié aux besoins du temps, ajoutait le Pontife , qu'il servira aux Prêtres Catholiques comme d'un flambeau pour les diriger dans les perpléxités et les incertitudes qui suivront nécessairement les troubles de la France. *Temporum necessitati ità prospicit ut facem quodammodò præferat quam sequantur præsbyteri in futurâ illâ rerum, atque animorum perplexitate.* Je me tais , Messieurs , après un tel éloge ; tout ce que je dirais ne ferait que le défigurer , et je n'ajouterais rien à la haute opinion que vous avez conçue du mérite et de la capacité du Pontife que nous venons de perdre.

L'Espérance qu'il avait conçue de voir purifier le sanctuaire, et relever les autels du vrai Dieu dans l'étendue de la France ne le trompa pas. Le Seigneur était apaisé ; il voulait visiter son peuple par des consolations proportionnées aux douleurs qu'il avait ressenties. Vous vous rappelez par quels miracles il sécha les larmes de ses enfans, et leur rendit, avec leurs pasteurs, les secours et les solennités de la religion dont ils avaient été privés pendant si long-temps.

Rentré dans sa patrie, notre généreux confesseurs s'appliqua, autant que les circonstances le lui permirent, à fermer les plaies que le malheur des temps avait ouvertes. On le vit alors annoncer avec zèle la parole sainte, tracer aux Ecclésiastiques qui le consultaient des règles de prudence pour se conduire, et faire, dans cette renaissance de la paix de l'Eglise, la juste application des principes qu'il avait posés, et des connaissances qu'il avait acquises dans des jours moins heureux.

Son mérite avait trop d'éclat pour ne pas lui attirer d'honorables distinctions. Tandis que les petits recueillaient avec avidité le pain de la parole qu'il continuait à leur rompre, on vit des hommes puissans s'honorer de l'avoir pour ami; on vit des Evêques distingués réclamer ses conseils; et les conseils qu'il leur donna étaient si sages, si propres à satisfaire aux besoins du temps, que les Prélats qui en eurent connaissance jugèrent unanimement qu'un ecclésias-

tique qui donnait de telles instructions à un
Evêque méritait d'être Evêque lui-même, et
qu'il ne manquerait pas d'honorer l'Episcopat.

C'était aussi à cette dignité sublime que la
providence le réservait. Arrêtons-nous donc
sur cette partie de sa vie, d'autant plus intéres-
sante pour nous qu'elle s'est passée sous nos
yeux et que nous en recueillons les fruits.

DEUXIÈME PARTIE.

DEUXIÈME PARTIE.

Soit que nous considérions notre Vénérable Prélat dans sa vie publique, exerçant les pénibles fonctions de son ministère, soit que nous le suivions dans sa vie privée, pratiquant les vertus chrétiennes et pontificales, nous le trouverons toujours digne du haut rang qu'il occupait.

Quel dévouement sublime, quel zèle pour le salut des peuples ne montra-t-il pas, surtout dans ces premières années de son Episcopat, où la vigueur de l'âge, et un tempérament robuste, lui permettaient de donner à sa charité tout son essor !

Vous le savez, Messieurs, ce vaste Diocèse avait été long-temps privé de la présence et des secours d'un premier pasteur. Les besoins se faisaient sentir de plus en plus. Un grand

nombre de paroisses veuves et désolées atten-
daient impatiemment un Evêque pour lui ex-
poser leurs souffrances et réclamer sa pater-
nelle sollicitude ; beaucoup de jeunes gens, et
même de vieillards, pour recevoir de lui le sa-
crement de Confirmation ; les aspirans au
Sacerdoce, pour n'être plus obligés de réclamer
les services d'un Pasteur étranger ; les Prêtres
l'appelaient de leurs vœux pour se ranger autour de lui, et recueillir de sa bouche les règles
de prudence qu'ils devaient suivre. Tous regar-
daient son entrée dans le Diocèse comme l'épo-
que d'un heureux renouvellement.

Arrivé dans son Diocèse, le zélé pasteur ne
trompa pas les espérances de son troupeau :
il les surpassa. La moisson qui se présentait à
ses yeux était grande ; ses efforts ne le furent
pas moins. Ce n'était rien pour sa charité généreuse d'aller péniblement de Paroisse en
Paroisse, et de se consumer de fatigues. Dites
vous-mêmes, respectables Pasteurs, témoins
et admirateurs de ses vertus, si vous le vîtes
jamais reculer devant les travaux accablans de
son ministère : dites si vous l'entendîtes jamais
se plaindre du joug qui pesait sur sa tête vénérable. Ouvriers infatigables, combien de fois
ne le vîtes vous pas, plus infatigable que vous,

se mettre à la tête de vos Paroisses, donner lui-même des instructions suivies, présider aux pieux exercices des fidèles, et comme le bon Pasteur, s'estimer heureux, quand au prix de ses sueurs et de ses peines, il avait pu ramener au bercail quelque brebis égarée !

Tant de fatigues semblaient devoir épuiser ses forces et demander quelque repos ; mais il trouvait des délassemens dignes de sa vertu dans le plaisir de faire du bien. Réconcilier les pécheurs, soulager les pauvres, décorer nos Eglises, rapprocher par de sages ménagemens les esprits divisés, établir la bonne intelligence et une heureuse harmonie entre les pouvoirs ; Telles étaient alors, et telles furent jusqu'à la fin de sa vie, ses plus douces jouissances, et les seules délices qu'il goûtât en ce monde.

Rentrait-il dans sa ville épiscopale, de nouveaux soins succédaient à ses travaux apostoliques. Que d'affaires épineuses venaient l'assiéger ! Que de difficultés se présentaient à résoudre ! Pasteur des autres pasteurs aussi bien que des simples fidèles, il partageait leur sollicitude, et portait seul le poids de tous. Avec quelle activité ne pourvoyait-il pas aux divers besoins de son Diocèse ! Que d'efforts ne faisait-il pas pour répondre à tous les vœux et satisfaire à toutes les nécessités !

, Attentif à donner aux fidèles de bons Pasteurs, il ne l'était pas moins à maintenir la paix et l'union dans les Paroisses. Pour éteindre ou pour prévenir des divisions, il n'était point de mouvemens qu'il ne se donnât, point de sacrifices qu'il ne fît, point de ressources ni de ménagemens qu'il ne mît en usage.

Disons-le avec peine, ses efforts ne furent pas toujours couronnés d'un heureux succès ; des hommes passionnés abusèrent plus d'une fois de son indulgence : sa bonté les rendit audacieux ; ils s'en autorisèrent pour lever la tête et pénétrer jusque dans le sanctuaire où le Pontife seul a le droit d'entrer : mais si nous ne pouvons féliciter notre vénérable Evêque d'avoir toujours fait le bien qu'il méditait dans son cœur, rendons du moins hommage à la droiture de ses intentions et à la pureté de ses sentimens. Il a pu être trompé ; mais ses vœux les plus ardens ont toujours été de rendre heureux par l'influence de la religion, le troupeau confié à ses soins.

Il avait compris dès son entrée dans l'Episcopat que pour perpétuer le fruit de ses travaux , il fallait cultiver avec soin la vocation des aspirans au Sacerdoce, et leur fournir les moyens de parcourir avec succès la carrière des études ecclésiastiques : Aussi ne se donna-t-il aucun repos jusqu'à ce que, à force de soins et de sacrifices , il eut procuré cet immense avantage à son Diocèse.

Vous le savez, Messieurs, quand le vénérable Pontife prit possession du Siège Episcopal, les établissemens ecclésiastiques ne répondaient nullement aux besoins de la religion. La Jeunesse que l'on voulait préparer de loin à l'esprit et aux vertus du Sacerdoce était dispersée dans le monde ; elle n'avait point d'asile convenable pour se mettre à l'abri de la contagion des vices qui se communique si facilement à cet âge. Le Diocèse manquait aussi d'un établissement propre à former les Elèves du Sanctuaire, prêts de recevoir le caractère Sacerdotal. Que de besoins à la fois ! et comment y pourvoir ? vous avez vu, Messieurs, avec admiration ce que le zèle inspira à notre digne Evêque, et comment le Ciel s'est plu à seconder ses efforts !

Les ressources humaines semblaient lui manquer ; mais la Providence dans laquelle il se confiait ne lui manqua pas ; elle suscita des âmes généreuses qui s'associèrent par leurs largesses à ses pieuses entreprises. En quelques années, un édifice qui demandait des frais immenses fut élevé , et le digne Prélat eut la joie de voir ses enfans , l'espérance du Sacerdoce et de la religion, se réunir dans cet asile tutélaire , afin d'y étudier leur vocation, d'y cultiver leurs talens, et de s'y former loin des dangers du monde , aux vertus du saint état auquel ils aspiraient.

Mais ce n'était pas encore assez pour son zèle , il avait à donner à son Diocèse un exemple unique peut-être dans la France. Il souffrait toujours de voir les Lévites du Sanctuaire , dépourvus d'une habitation proportionnée à leur nombre et à leurs besoins. Vous avez vu de vos yeux l'expédient qu'une charité industrieuse lui fit trouver. Sans s'effrayer d'un voisinage incommode , il ouvre son palais Episcopal à ses jeunes Clercs qu'il regarde comme ses enfans; il les encourage par sa présence; il les admet à sa table, ou plutôt il partage la leur ; et déjà parvenu à un âge qui demande de grands ménagemens, il leur donne l'exemple de la plus sévère régularité. Quels sentimens généreux ! Quelle simplicité touchante, et digne des plus beaux siècles de l'Eglise !

Mais le palais Episcopal n'était pas destiné à
servir toujours de retraite aux jeunes Clercs ;
et notre digne Evêque devait encore dans sa
vieillesse, leur procurer un vaste et magnifique
établissement, qui, en assurant l'avenir du
Clergé, mettait le comble aux vœux du premier pasteur, et couronnait dignement toutes
les entreprises qu'il avait faites pour la religion. Avant de fermer les yeux, il a vu son
Clergé jouir de ce dernier gage de son amour,
et ce précieux monument de sa sollicitude pa-
ternelle, déposera devant la postérité, en faveur du Prélat qui en a si généreusement doté
son Diocèse. Hélas ! fallait-il qu'il terminât si
promptement sa belle carrière ! Que, n'a-t-il
pu du moins jouir quelque temps du fruit de ses
sacrifices, encourager dans cette paisible
retraite ses jeunes Lévites, y rassembler une
dernière fois ses Prêtres autour de lui pour leur
donner ses dernières instructions, et contempler ainsi de ses yeux l'excellence et la beauté
de son œuvre. Mais, ô mon Dieu ! vous ne l'a-
vez pas permis ; et il était de la destinée d'un
si charitable Pasteur de travailler jusqu'à la
fin de ses jours pour les autres sans en recueillir d'autres fruits pour lui-même que le plaisir

d'avoir fait du bien, et l'espérance d'en être récompensé dans une vie meilleure.

Telle a été, Messieurs, la mission publique que notre vénérable Prélat a remplie au milieu de nous.

Que n'aurais-je pas encore à vous dire, s'il m'était donné de mettre au grand jour les vertus et les bonnes œuvres que sa modestie lui faisait dérober aux yeux des hommes ! Que ne puis-je dignement vous le représenter dans cette vie simple et édifiante qu'il menait dans son palais Episcopal. Je vous le montrerais tout occupé de sanctifier son âme, en même temps qu'il travaillait avec tant de zèle à sauver celles de son cher troupeau ; ennemi du faste et de la magnificence, et n'estimant rien de ce que le temps emporte avec lui ; frugal dans ses repas ; généreux et presque prodigue dans ses libéralités ; n'ayant rien en propre, tandis qu'il connaissait des nécessités à soulager, et ne pouvant refuser un service, quand il était en son pouvoir de le rendre : se confiant tellement dans les soins de la divine providence, qu'il ne balançait pas, quoiqu'il n'eût que de faibles ressources, à faire des entreprises considérables et dispendieuses, quand le bien de la religion le demandait ; bien persuadé que celui qui nourrit les oiseaux du Ciel, et qui orne les lys des champs, ne manquerait pas de pourvoir aux pressans besoins de ses serviteurs.

Pasteur commun de tous les fidèles confiés à sa conduite, avec quelle bonté ne les accueillait-il pas ! Son cœur, comme celui du grand Apôtre, se dilatait pour contenir tout le monde. Il était grand avec les grands, petit avec les petits, simple avec les simples ; il se faisait tout à tous pour les gagner tous à J.-C. Les hommes les plus distingués admiraient la sagacité de son esprit et les charmes de sa conversation, le simple villageois, chargé de venir déposer aux pieds du Pontife les vœux de sa Paroisse, après avoir tremblé en abordant son Evêque, s'en retournait tout réjoui, et se félicitant de n'avoir eu à s'entretenir qu'avec un père. Comme sa belle âme se montrait à découvert dans ces communications toutes paternelles ! Quelle ouverture de cœur ! Quelle franchise dans les paroles ! Quelle délicatesse dans les procédés !

Mais pourquoi, Messieurs, vous rappeler tant de vertus et de qualités aimables dont le souvenir ne fait plus aujourd'hui qu'accroître nos regrets ? Il fallait donc que de graves infirmités, détruisant insensiblement une santé robuste , vinssent interrompre le cours de tant de bonnes œuvres et nous enlever un si digne Pasteur !

Et quelles vertus ces infirmités mêmes n'ont-elles pas fait éclater ! Quelle admirable patience ne pratiqua-t-il pas au milieu de ses rudes épreuves ! Un mal opiniâtre le tourmentait depuis dix ans , et faisait de continuels progrès ; mais il ne s'en inquiétait pas. Il voyait d'un œil tranquille ses membres se dissoudre , et la vie lui échapper, pour ainsi dire , par dé-grés. Jamais un mot de plainte ne sortait de sa bouche : comme un autre Job , il bénissait la main qui l'éprouvait, et tandis que tout le monde souffrait de le voir dans ce triste état, lui-même était comme impassible au milieu de ses longues et cruelles souffrances.

Vous ne vous étonnerez pas qu'un Prélat si soumis à la volonté divine, envisageât sans se troubler le terme de sa carrière. Ah ! il y avait long-temps que sa foi généreuse l'avait mis au-dessus de ces frayeurs qu'éprouvent les hommes livrés aux sollicitudes du siècle : Il y avait long-temps qu'il avait dit avec l'Apôtre des nations : J.-C. est ma vie , et la mort m'est un gain. Ce n'étaient pas des regrets qu'il exprimait, en voyant approcher la mort ; c'étaient des désirs ardens d'aller se réunir au souverain Pasteur de nos âmes.

Le témoignage d'une conscience pure faisait alors sa consolation. Il aurait goûté des douceurs au milieu de ses souffrances, si des nouvelles affligeantes et les scandales qui déshonoraient la religion, n'eussent de temps en temps troublé son repos et accablé sa vieillesse.

Insensible à ses propres maux, il trouvait dans ceux de l'Eglise autant de traits qui le perçaient jusqu'au fond de l'âme. Combien de fois, à la nouvelle des désordres qui troublaient son Diocèse, ne l'entendit-on pas se plaindre avec le roi Prophète de la longueur de son exil ? Tous les coups portés à la religion retombaient sur lui, et il y était si sensible que souvent ils épuisaient le peu de forces qui lui restait. Nous ne craindrons pas de le dire, en terminant son éloge, il y a apparence que les peines cuisantes qu'il ressentait dans ces circonstances pénibles, ont contribué beaucoup à abréger ses jours.

Le ciel semblait lassé de le voir souffrir. Il l'avait assez éprouvé pour le juger digne d'une vie plus heureuse : Mais en récompensant les mérites d'un si digne Pontife et d'un si bon père, dans quelle douleur n'a-t-il pas plongé ses enfans ? A quelle triste viduité n'a-t-il pas réduit cette Eglise ?

Il n'est donc plus ce Prélat vénérable, dont la présence nous causait tant de joie dans nos solennités, qui tant de fois nous adressa de cette chaire des paroles touchantes et paternelles, qui ne vivait que pour le troupeau confié à ses soins, et dont tous les momens étaient consacrés à quelques bonnes œuvres ! Il n'est plus ! nos yeux le cherchent inutilement; nos regrets et nos larmes le redemandent en vain : non, il n'est plus : mais ses bonnes œuvres n'ont pas péri; elles lui survivront; elles attesteront à la postérité qu'il a vécu, et qu'il a vécu pour faire du bien. Ses vertus ne périront point : lui-même vivra dans notre mémoire.

Honorables magistrats, vous vous rappellerez toujours l'empressement qu'il mit à seconder vos efforts pour la tranquillité des peuples. Prêtres vénérables, vous n'oublierez jamais les sages et touchantes instructions qu'il vous adressa dans ces jours heureux où il vous rassemblait autour de lui pour encourager vos efforts et animer votre zèle. Pieuses communautés, portion si chérie de son troupeau, Ah ! quelle perte vous venez de faire ! et comment oublieriez-vous jamais les joies pures que sa présence vous causait, quand il allait vous bénir et vous consoler dans vos saintes retraites ! Peuples fidèles, au salut desquels il consacra son temps et sa vie; non , le sentiment de la reconnaissance ne s'eteindra jamais dans vos cœurs. Nous bénirons tous sa mémoire, et tandis qu'il jouira dans le ciel da la récompense de ses longs travaux, nous nous encouragerons par ses exemples à marcher sur ses traces, en attendant que nous allions partager avec lui nos immortelles déstinées.

AINSI SOIT-IL.

ÉPITAPHE
DE MGR. DUMOULINET.

On a découvert dans le caveau du chœur de la cathédrale, le tombeau de Mg^r. Dumoulinet, sur lequel on lit cette inscription :

Cy-gist reuerent père en dieu messire loys dumoulinet, evesque de séez, natif de paris, lequel deceda le 3e. jour de mars 1601, et inhumé le dix du dict moys par scientifique personne jehan de vielpont, chantre de seans, abbé de s^t.-jehan de fallès, natif de challoué.

Près de là étaient encore deux autres tombeaux des Évêques de Séez.